BEI GRIN MACHT SICH
WISSEN BEZAHLT

- Wir veröffentlichen Ihre Hausarbeit,
  Bachelor- und Masterarbeit

- Ihr eigenes eBook und Buch -
  weltweit in allen wichtigen Shops

- Verdienen Sie an jedem Verkauf

Jetzt bei www.GRIN.com hochladen
und kostenlos publizieren

Bibliografische Information der Deutschen Nationalbibliothek:

Die Deutsche Bibliothek verzeichnet diese Publikation in der Deutschen National-
bibliografie; detaillierte bibliografische Daten sind im Internet über http://dnb.d-
nb.de/ abrufbar.

Impressum:

Copyright © 2008 GRIN Verlag, Open Publishing GmbH
Druck und Bindung: Books on Demand GmbH, Norderstedt Germany
ISBN: 9783640674787

Dieses Buch bei GRIN:

http://www.grin.com/de/e-book/154833/darstellung-der-klassengesellschaft-in-tirso-
de-molinas-el-burlador-de

Birgit Wilpers

Darstellung der Klassengesellschaft in Tirso de Molinas 'El burlador de Sevilla' und Molières 'Dom Juan'

Ein Vergleich

GRIN Verlag

GRIN - Your knowledge has value

Der GRIN Verlag publiziert seit 1998 wissenschaftliche Arbeiten von Studenten, Hochschullehrern und anderen Akademikern als eBook und gedrucktes Buch. Die Verlagswebsite www.grin.com ist die ideale Plattform zur Veröffentlichung von Hausarbeiten, Abschlussarbeiten, wissenschaftlichen Aufsätzen, Dissertationen und Fachbüchern.

Besuchen Sie uns im Internet:

http://www.grin.com/

http://www.facebook.com/grincom

http://www.twitter.com/grin_com

Universität Paderborn

Fakultät für Kulturwissenschaften

Institut für Romanistik

Wintersemester 2007/2008

Basisseminar: Mythos Don Juan

Seminararbeit:

Darstellung der Klassengesellschaft in
Tirso de Molinas *El burlador de Sevilla* und Molières *Dom Juan*
- ein Vergleich

Birgit Wilpers

Inhaltsverzeichnis

1. Einleitung

Und mit wenigen Ausnahmen kann man die Männer in drei Gruppen einteilen: in solche, die glauben, sie seien Don Juane; in solche, die glauben, sie seien welche gewesen; schließlich in solche, die glauben, sie hätten welche sein können, aber hätten es nie gewollt.[1]

Wie obiges Zitat verdeutlicht, gilt die Don-Juan-Figur als das Symbol für das Männerbild des unverbesserlichen Herzensbrechers und die Verfolgung des Lustprinzips gegen jede gesellschaftliche Norm. Dieser Mythos hat sowohl für Männer als auch Frauen über die Jahrhunderte hinweg nichts von seiner Faszination eingebüßt. In den zahlreichen Interpretationen wird zumeist das Thema der Verführung, der skrupellosen Täuschung und der Bestrafung für ein sündhaftes Leben in den Vordergrund gestellt.

Ich möchte der Frage nachgehen, ob man diesen Mythos nicht auch aus einem völlig anderen Blickwinkel betrachten kann, nämlich im Hinblick auf die Darstellung der damaligen Klassengesellschaft. Sind in Tirso de Molinas bzw. Molières Stück gesellschaftsrelevante Aussagen vorhanden und wie werden diese in ihrem jeweiligen historischen und politischen Kontext transportiert?

2. Tirso de Molina: *El burlador de Sevilla*

2.1 Inhalt

Der Ursprungstext von Tirso de Molina ist in drei Akte unterteilt und spielt an sehr unterschiedlichen Schauplätzen, u. a. am Königshof von Neapel und am kastilischem Königshof, aber auch an so trivialen Schauplätzen wie dem Strand von Tarragona oder auf einer Bauernhochzeit.

Der junge Adlige Don Juan, in ständiger Begleitung seines Dienes Catalinón, verführt im Laufe des Dramas mehrere Frauengestalten, wobei der Leser unmittelbar ins Geschehen eintaucht, da der erste Akt mit der Verführungsszene der Duquesa Isabela beginnt. Nach seiner Flucht und der Verführung seines zweiten Opfers, der Fischerin Tisbea, täuscht er auch die Adlige Doña Ana und ermordet ihren Vater Don Gonzalo, der ihn gestellt hatte. Seine letzte Erorberung wird schließlich das Bauernmädchen Arminta.

---

[1] José Ortega y Gasset in seinem Essay *Para una psicología del hombre interesante* (1925), zitiert nach Ulrich Müller, *"The Phantom of the Opera"* in: Peter Csobádi (Hrsg.), Salzburger Symposion, *Europäische Mythen der Neuzeit: Faust und Don Juan,* Nr. 18/I (Universität Salzburg 4: Müller-Speiser 1992), S. 253.

Im dritten Akt büßt er mit dem Tod für seine Missetaten, als ihn die steinerne Statue des Don Gonzalo in den Abgrund zieht. Das Stück endet mit dem für alle Beteiligten - abgesehen von Don Juan - obligatorischen glücklichen Ausgang im Königsschloß in Sevilla.

2.2 Historischer und politischer Kontext in Spanien

Das Jahr der Uraufführung des Dramas 1624 wird dem Siglo de Oro und dem Barock zugeordnet, das politisch und gesellschaftlich geprägt war von der Einheit von Monarchie und katholischer Kirche, aber auch vom beginnenden Niedergang Spaniens als Weltmacht.[2] Im übrigen Europa kursiert die später als "leyenda negra" bezeichnete antispanische Haltung, die "...sich mit stereotypen Vorstellungen über die Inquisition, das Jesuitische und den Katholizismus, die Person Philipps III., die Eroberung Amerikas [...] befeuert".[3] Spanien hat große wirtschaftliche Probleme und die Korruption ist weitverbreitet.

> [...] eine schlechte Finanz- und Wirtschaftspolitik führten schon bald zu einer Verarmung der Volksmassen und trieb den Bauernstand an den Rand des Ruins. Der die Steuern tragende Mittelstand ging unter und das Land trieb unaufhaltsam in die Katastrophe.[4]

Spanien war zu Beginn des 17. Jahrhunderts und darüber hinaus bestimmt von - für die Bevölkerung deutlich spürbaren - schwierigen politischen und wirtschaftlichen Umständen. Im Gegensatz hierzu stand die ausgeprägte barocke Festkultur, mit einer Blütezeit des spanischen Theaters, festlichen religiösen Prozessionen, Konzertaufführungen, Feuerwerken und repräsentativen höfischen Festen.[5] Man kann diese Zeit als Anfang vom Ende des spanischen Weltreiches bezeichnen, was einherging mit einem nach damaligem Dafürhalten langsamen Zerfall von Sitte und Moral.

2.3 Darstellung des Feudalsystems

In Tirsos Text finden sich unterschiedliche Anspielungen auf das damals herrschende Klassensystem, das im Verhältnis Don Juans zu seinem Diener dargestellt wird, aber auch in den verschiedenen Frauenfiguren zum Ausdruck kommt, die aus allen sozialen Schichten

---

[2] In diesem Absatz folge ich den Ausführungen in: Hans-Jörg Neuschäfer (Hrsg.), *Spanische Literaturgeschichte*, 3. Aufl. (Stuttgart/Weimar: Metzler, 2006) S. 69 – 102.
[3] *Spanische Literaturgeschichte*, S. 72.
[4] Sigrid Anemone Lindner, *Der Don-Juan-Stoff in Literatur, Musik und bildender Kunst* (Bochum: Universität, Dissertation, 1980), S. 21.
[5] Vgl. *Spanische Literaturgeschichte*, S. 93

stammen.[6] Darüberhinaus werden die sozialen Unterschiede auch mithilfe anderer Figuren des Stückes deutlich gemacht. Man denke nur an die Rolle des Königs von Kastilien als höchste und über jeden Zweifel erhabene Autorität, der über Leben und Tod richtet.

2.3.1 Catalinón - der rechtschaffene Diener

Catalinón wird als gutmütiger "Aunque soy Catalinón, soy, señor, hombre de bien [...]"[7] und treu ergebener Diener Don Juans gezeichnet. Er hat einen "sprechenden" Namen, der abgeleitet ist vom andalusischen "catalina", (= Kot auf der Straße)[8], auf den im Text mehrmals Anspielungen gemacht werden: "Catalinón con razón te llaman".[9] Mit seiner Ängstlichkeit und seinen ständigen Ermahnungen bildet er eine Kontrastfigur zum dreisten und furchtlosen Don Juan. Gleichzeitig stellt er das personifizierte schlechte Gewissen dar und wagt es auch, Don Juan zu kritisieren: "No lo apruebo. [...] Que el que vive de burlar, burlado habrá de escapar pagando tantos pecados de una vez."[10] Dieser weist ihn aber deutlich in seine Schranken zurück und erinnert ihn mit den Worten "Esta vez quiero avisarte porque otra vez no te avise"[11] an seine untergeordnete Rolle als Diener, woraufhin Catalinón sich regelmässig fügt. Als Mensch "[...] billigt [er] das Verhalten seines Herrn keineswegs, muß aber als Diener gute Miene zum bösen Spiel machen".[12]

Catalinón fungiert auch als eine Art Komplize des Zuschauers. Das wird dadurch deutlich, dass er sehr oft aparte spricht, d. h. zum Publikum gewandt: "CATALINÓN. (*Aparte*.) Y si importa, gozará en su nombre otra mujer, que tiene buena opinión."[13] Außerdem wird durch ironische Kommentare des Dieners wie z. B. "Señor cuadrado, o señor redondo, adiós"[14] oder auch sein überängstliches Verhalten im dritten Akt ein komisches Element in das Drama gebracht, was ihn als Repräsentanten des gemeinen Volkes für den Zuschauer zum Sympathieträger werden lässt. Er ist vernünftiger und weitsichtiger als sein Herr, da er niemals die unausweichlich drohende Strafe für begangene Sünden aus den Augen

---

[6] Anmerkung: Aus Platzgründen kann ich auf die Darstellung der Frauenfiguren in Bezug auf die Feudalgesellschaft leider nicht weiter eingehen.
[7] Alle spanischsprachigen Originalzitate stammen aus:
Tirso de Molina: *El burlador de Sevilla* (Madrid: Cátedra, 1995), Version im Reader des Seminars, hier: Z. 880.
[8] Langenscheidts Handwörterbuch Spanisch, (Berlin/München: Langenscheidt, 1988), unter 'catalina'.
[9] de Molina, Z. 906.
[10] de Molina, Z. 1344.
[11] de Molina, Z. 1364.
[12] Sigrid Anemone Lindner, S. 72.
[13] de Molina, Z. 1180.
[14] de Molina, Z. 1283.

verliert. Als guter und rechtschaffener gläubiger Mensch hat er ein Gewissen und die verführten Frauen tun ihm leid.[15]

2.3.2 Batricio - der wehrlose Bauer

Auch die Figur des Batricio, des Bräutigams der Bauernhochzeit, verdeutlicht die Klassenunterschiede zwischen dem Adel und dem Bauernstand. Er ist dem Adelsstand gegenüber sehr mißtrauisch "Callad, que debe de ser uso de allá de la Corte. Buen uso, trato extremado. Más no se usara en Sodoma: [...]"[16] und zweifelt stark an Don Juans Rechtschaffenheit "Ya no se puede sufrir ni entre cristianos pasar."[17] Als Don Juan darüber hinaus auch noch prahlerisch mitteilt, die Ehre seiner Braut genommen zu haben, kommt es zu folgendem interessanten Dialog:

> BATRICIO: [...] que yo quiero resistir, desengañar y morir, y no vivir con engaños. (*Vase.*)
> DON JUAN: Con el honor le vencí, porque siempre los villanos tienen su honor en las manos [...] es bien que se entienda y crea que el honor se fue al aldea huyendo de las ciudades.[18]

Für Batricio ist Don Juans Verhalten inakzeptabel und betrügerisch. Er selbst möchte nicht mit so einer Täuschung leben, sondern sein Ehrgefühl behalten und verlässt den Schauplatz – allerdings kampflos. Don Juan dagegen misst dem Ehrgefühl der Bauern keine große Bedeutung zu, sondern benutzt es, um seine Ziele zu erreichen. Beachtenswert in diesem Zusammenhang ist auch seine Bemerkung in diesem Zitat, dass sich die Ehre von der Stadt, dem Sitz des Könighofes, auf das Land, wo die niedrigeren Stände leben, geflüchtet habe.

2.3.3 De la Mota – die Aristokratie

Man behauptete von den Hidalgos, die den Titel "Don" vor ihrem Namen trugen und dem niedrigsten Adelsstand in Spanien angehörten, dass sie einen besonders unsittlichen Lebenswandel führten und gerade der rechtlose und verarmte Bauernstand unter ihnen zu leiden hatte.[19] Don Juan ist im Stück allerdings keineswegs der einzige junge Adlige ohne moralische Bedenken. Betrachtet man die Figur des de la Mota, so wird deutlich, dass auch er zu seinem Vergnügen zu jeder Schandtat bereit ist: "Mota: Yo, y Don Pedro de Esquivel

---

[15] Vgl. Sigrid Anemone Lindner, S. 74 – 75.
[16] de Molina, Z. 1862.
[17] de Molina, Z. 1876.
[18] de Molina, Z. 1929.
[19] Vgl. Lindner, S. 21 – 22.

dimos anoche uno cruel, y esta noche tengo ciertos otros dos."[20] Der Dialog zwischen ihm und Don Juan über portugiesische Prostituierte[21], die beiden Männern bekannt sind, macht dies ebenfalls noch einmal deutlich   Andererseits wird der Adel nicht eindimensional dargestellt, da im Stück auch "rechtschaffene" Adlige, wie Don Juans Vater, Don Gonzalo oder der über jeden Zweifel erhabene König auftreten.

3. Molière: *Dom Juan ou Le Festin de pierre*

3.1 Inhalt

Dom Juan ou Le Festin de pierre weicht in mehreren Punkten inhaltlich von Tirsos Ursprungstext ab. Bereits in der ersten Szene wird die Figur Don Juans[22] durch seinen Diener Sganarell im Dialog mit einem anderen Bediensteten beschrieben – er wird also fremdcharakterisiert. Der Zuschauer erfährt durch Erzählungen von den Untaten Don Juans. Dadurch erschafft Molière für den Protagonisten eine Vergangenheit, z. B. wird erwähnt, daß er den Komtur vor einiger Zeit getötet hatte.[23] Eine eigentliche Verführungsszene kommt in dem Stück nicht vor, es werden lediglich Don Juans Verführungsstrategien im Fall des Bauernmädchens Charlotte dargestellt Der König tritt in dem Stück überhaupt nicht in Erscheinung, genausowenig wie andere junge Adlige. Andere Figuren und Szenen werden hinzugefügt, darunter Donna Elvira - die verlassene Ehefrau Don Juans, eine Szene mit einem Bettler und die Szene mit dem Gläubiger, Herrn Dimanche. Don Juan endet im Stück aber genau wie bei Tirso de Molina: die steinerne Statue des Komturs zieht in mit sich in die Tiefe. Sganarell hat in Molières Stück nicht nur das erste, sondern auch das letzte Wort: "[…] mein Lohn, mein Lohn!"[24]

3.2 Historischer und politischer Kontext in Frankreich

Don Juan gehört zur Epoche der französischen Klassik und wurde 1665 uraufgeführt, 40 Jahre nach der Aufführung des Tirso-Textes, und kurz nach Erscheinen von Molières Skandalstück

---

[20] de Molina, Z. 1243.
[21] de Molina, Z. 1205 ff.
[22] Ich benutze hier die deutsche Übersetzung Don Juan wie in der Reclam-Ausgabe und nicht Dom Juan wie im französischen Original.
[23] Jean-Baptiste Molière, *Don Juan* (Stuttgart: Philipp Reclam jun., 2004), S. 41ff.
[24] Molière, S. 64.

Le Tartuffe, wegen dem er in größte Schwierigkeiten mit Klerus und Höflingen geraten war.[25] Zu dieser Zeit zeichnete sich die französische Politik und Gesellschaft durch den Absolutismus unter Louis XIV. und die streng hierarchische Ständegesellschaft aus.[26] Frühere Feudalrechte des Hochadels wurden eingeschränkt und er mußte sich sogar erstmalig mittels Steuern an der Finanzierung des Staates beteiligen. Durch Beförderung in wichtige Ämter und Beteiligung am höfischen Leben wurde der Adelsstand gleichzeitig dem König gegenüber stärker verpflichtet. Louis XIV. demonstrierte Macht und Reichtum durch die für das barocke Zeitalter typische prunkvolle Hofhaltung, wobei der Förderung der Kunst und Kultur in den folgenden Jahren, dem "Grand Siècle", zur Unterhaltung, aber vor allem zu Repräsentationszwecken eine große Rolle zukam.[27]

3.3 Darstellung der Klassengesellschaft

Wie im Ursprungstext sind auch in Moliéres Stück die sozialen Schichten eindeutig voneinander abgegrenzt. Der Adel wird durch mehrere Personen, u. a. auch Don Juans Ehefrau, repräsentiert. Der König kommt im Stück überhaupt nicht vor. Weiterhin wird der Stand der Bauern und das Bürgertum dargestellt. Als Vertreter der niedrigen sozialen Schicht spielt Sganarell als Diener eine übergeordnete Rolle.

3.3.1 Sganarell – der gebildete Hausknecht

In Molières Stück tritt der Diener weitaus häufiger auf als bei Tirso. Er spielt eine wichtige Rolle zur expliziten Charakterisierung Don Juans in Dialogen mit anderem Personal und in Dialogen zwischen ihm und seinem Herren.

Schon in der ersten Szene wird Don Juan durch die Unterhaltung Sganarells mit Gusman, dem Stallmeister der Elvira, charakterisiert. Sganarell behauptet, dass er "[…] lieber dem Teufel dienen [wolle] als ihm" und dass "[…] ein schlechter Mensch als großer Herr […]etwas Furchtbares [ist]".[28] Gleichzeitig erklärt er aber auch die Gründe für seine treue Gefolgschaft: "Ich muss ihm treu sein, sosehr ich ihn hasse; die Angst zwingt mich, ihm zu

---

[25]Vgl. Friedrich Dieckmann, Die *Geschichte Don Giovannis: Werdegang eines erotischen Anarchisten* (Frankfurt a. M.: Insel-Verlag, 1991), S. 88 – 89.
[26]*Vgl.: Spiegel Wissen*: http://wissen.spiegel.de/wissen/resultset.html?suchbegriff=ludwig+xiv (12. Februar 2008).
[27] Vgl. Dieckmann, S. 87 – 88.
[28] Molière, S. 5.

dienen."[29] Damit ist bereits alles über das Abhängigkeitsverhältnis zwischen Don Juan und Diener gesagt. Sganarell mißbilligt Don Juan als Mensch, muß ihm aber aus ökonomischen Grunden und aus Angst vor Strafe weiterhin dienen. Diese Szene ist gleich am Anfang des Stückes "[…] von äußerster Komik: zwei Diener reden wie ihre Herren"[30] über den Gebrauch von Tabak als "[…] Passion der feinen Leute"[31]. Der "gebildete" Hausknecht, der die Rede der feinen Welt nachahmt parodiert dadurch zweierlei: "[…] sich selbst und die feine Welt."[32]

In der zweiten Szene im Dialog mit Don Juan wird Sganarell dann deutlich: "Glauben Sie, weil Sie von Adel sind […], daß Sie deshalb ein besserer Mensch sind, daß Ihnen alles erlaubt ist und daß man Ihnen die Wahrheit nicht sagen darf?", was Don Juan mit einem simplen "Schluß!"[33] kontert. Derartige Zurechtweisungen kommen im Text öfters vor: "Still, Dummkopf! Du weißt nicht, was du sprichst, der gnädige Herr aber weiß, was er tut."[34] Don Juan lässt sich zwar auf Unterhaltungen mit Sganarell ein, macht ihm aber letztendlich unmißverständlich klar, wenn es sein muß unter Androhung von "[…] tausend Hiebe[n]",[35] wer der Herr ist und wer zu dienen hat.

Sganarell wird als ängstliche, aber auch mit Mutterwitz ausgestatte Figur gezeichnet, die durch die Umstände gezwungen ist, manchmal für seinen Herrn zu lügen oder auch zu heucheln, sein Herr sei "[…] ein Ehrenmann, ich verbürge mich für ihn".[36] Freimütig gibt Sganarell zu, daß er "[…] nicht soviel studiert [hat], wie Sie […]; aber mit meinem geringen Verstand, meinem bescheidenen Urteil sehe ich die Dinge besser als alle Bücher […]".[37]

Genau wie Tirsos Catalinón versucht Sganarell erfolglos, Don Juan auf den richtigen Weg zu bringen: "[…] als treuer Diener sage ich Ihnen was auszusprechen meine Pflicht ist. […] Gute Lehren sind mehr wert als schöne Worte. Schöne Worte hört man bei Hofe. Bei Hofe treiben sich die Schranzen herum; die Schranzen folgen der Mode".[38] Er bedient sich sogar des Mittels der Rhetorik – Don Juans Domäne -, wobei er sich aber im Gegensatz zu seinem Herrn heillos verzettelt, was zur Komik der Dialoge beiträgt: "(*Er stolpert und fällt hin.*) Don Juan. Das hast du von deinem Vortrag – eine blutige Nase."[39]

---

[29] Molière, S. 5.
[30] Dieckmann, S. 95.
[31] Molière, S. 3.
[32] Dieckmann, S. 94.
[33] Molière, S. 9 – 10.
[34] Molière, S. 20.
[35] Molière, S. 44.
[36] Molière, S. 29.
[37] Molière, S. 33.
[38] Molière, S. 60.
[39] Molière, S. 34.

"Sganarell, Don Juans Dienser, [ist] eine der Commedia dell'arte verwandte stehende Figur der Molièreschen Komödie [...]",[40] durch deren Tolpatschigkeit, Feigheit und vordergründige Einfältigkeit, die rhetorische Brillanz und Skrupellosigkeit Don Juans besonders hervorgehoben wird.

3.3.2 Pierrot – der widerspenstige Bauer

Pierrot äußert sich über den adligen Herrn mit den Worten: "[...] ich habe noch nie einen Menschen so aufgeputzt gesehen. Mit was für Krimskrams behängen sich diese Herren."[41] Er beschreibt den Aufputz des Adelsstandes, indem er die wüstesten Auswüchse der Mode, wie z. B. die Perücken, in Lächerliche zieht. "(D)urch den Mund des Bauern überführt der Autor diese Tracht und mit ihr den Stand, der sich durch sie bezeichnet, des Aberwitzes."[42]

Im Konflikt mit Don Juan um Charlotte zeigt sich Pierrot ebenfalls nicht ängstlich: "So behandelt man unsereinen nicht! [...]. Weil Er ein Herr ist, tätschelt Er unsere Weiber hier vor unserer Nase! Geh Er und tändle Er mit seiner eigenen!"[43] Der Bauer läßt sich weder vom jungen Adligen einschüchtern noch läßt er sich auf eine gewalttätige Auseinandersetzung ein. Er ist klug genug, der drohenden Ohrfeige auszuweichen, die dann ironischerweise Don Juans Diener trifft. Der Bauer ist hier "[...] kein leicht entwaffneter Bräutigams-Tölpel wie der Batricio des »Burlador«, sondern ein Widersacher, der mit derselben Hartnäckigkeit, mit der er Charlotte zur Liebe ermahnte, nun zu ihrer Verteidigung antritt."[44] Trotzdem muß er letztendlich, allerdings unter Androhung von Konsequenzen durch Charlottes Tante, die Waffen strecken, da er gegen einen Adligen wie Don Juan keine Handhabe hat.

3.3.3 Dimanche – das aufstrebende Bürgertum

In Molières *Dom Juan* tritt auch erstmals das Bürgertum in Gestalt vom Kaufmann Dimanche auf die Bühne. Don Juan scheint trotz seiner adligen Herkunft nicht über genügend Geldmittel zu verfügen. Auf jeden Fall ist er der Meinung, dass er nicht vepflichtet ist, seine Schulden zu

---

[40] Dieckmann, S. 92.
[41] Molière, S. 16.
[42] Dieckmann, S. 112.
[43] Molière, S. 24.
[44] Dieckmann, S. 116.

zahlen.[45] Seine Strategie, den Gläubiger wieder loszuwerden ist äußerst geschickt. Er behandelt ihn wie seinesgleichen, gibt vor, sein Freund zu sein und erhöht dadurch den Status des Bürgers. Seine Diener weist Don Juan mit der Bemerkung zurecht: "Ich will euch lehren, Herrn Dimanche im Vorzimmer sitzen lassen! Ihr sollt mir noch lernen die Leute zu unterscheiden."[46] Er will nicht "[...] daß zwischen uns ein Unterscheid gemacht wird."[47] Diese Taktik überrumpelt Dimanche vollkommen, was ihn zu der Äußerung "Sie erweisen mir zuviel der Ehre"[48] veranlasst. Mit dieser Szene deutet Molière an, wie leicht sich das Bürgertum, in diesem Fall Dimanche, vom schönen Schein und der Aussicht auf höhere Weihen, nämlich der Freundschaft mit einem Mann von Adel, beeinflussen und übertölpeln lässt.

> Die Kluft, die die Klassen scheidet könnte nicht schneidender demonstriert werden als durch die niederschmetternde Wirkung ihrer Leugnung: Herr Dimanche wird mit der Ehre bezahlt, daß ihm ein Stuhl angeboten wurde.[49]

3.3.4 Die Aristokratie

Der erste Schauplatz des Stücks ist das Schloß Don Juans. Zweifellos ist mit der Figur des Don Juan

> [...] der hochmütig-selbstherrliche Sproß einer Familie der französischen Hocharistokratie [gemeint]. Damit ist die Figur des Königs [...] dramatisch unmöglich geworden: es wäre ja Louis XIV. selbst; in dessen Umkreis aber wäre ein Verhalten wie dasjenige Don Juans undenkbar.[50]

Folglich tritt der König, als oberster Richter und Schlichter zwischen den Parteien wie bei Tirso, in Molières Stück überhaupt nicht in Erscheinung. Dies ist nur zu verständlich in Anbetracht der Tatsache, daß Molière vom König protegiert wurde und kurze Zeit nach Uraufführung des Stücks Hoftheaterdirektor wurde.

Der Adel wird mit Don Juan selbst, seinem Vater Don Luis, Don Carlos und Don Alonso, sowie Donna Elvira repräsentiert. Don Luis scheint ein alter Mann zu sein, der versucht, seinem Sohn den Pfad der Tugend schmackhaft zu machen, indem er ihn daran erinnert, daß man sich als Edelmann auch edelmütig verhalten sollte. "Nein, nein, die

---

[45] Vgl.: Molière, 4. Akt, 2. Szene, S. 44.
[46] Molière, S. 45.
[47] Molière, S. 45.
[48] Molière, S. 47.
[49] Dieckmann, S. 138.
[50] Dieckmann, S. 92.

Abstammung bedeutet nichts, wenn die Tugend fehlt. [...] Begreife doch endlich, daß ein Edelmann, der ein schlechtes Leben führt, ein widernatürliches Ungeheuer ist, [...]".[51] Don Juan schmettert diese Kritik mit dem Kommentar "Herr Vater, wenn Sie sich gesetzt hätten, hätten Sie viel besser reden können"[52] ab. Durch vollkommene Ignoranz des Gesagten und seine Kommentare über das baldige Ableben des Vaters, wird deutlich, daß diese für ihn überholten und altmodischen Ansichten keine Gültigkeit mehr haben.

Don Juan rebelliert nicht nur gegen die herrschende Sexualmoral sondern auch gegen den Verhaltenskodex seines Standes. Darüber hinaus nutzt er die Privilegien seines Standes schamlos zur Verfolgung seiner Ziele aus und ist sich dessen durchaus bewußt. Ihm ist jedes Mittel recht, auch das der Scheinheiligkeit: "Heuchelei ist ein Mode-Laster, und [...] bietet [...] uns die größten Vorteile."[53] In diesem längeren Monolog "[...] seziert Don Juan äußerst kritisch die Methode und die Wirkung dieses bevorrechteten Lasters der Zeit und fungiert hier durchaus als Sprachrohr Molièrescher Gesellschaftskritik."[54]

4. Vergleich

Sowohl Tirsos Stück als auch Molières *Dom Juan* stellt eindeutig die Klassenunterschiede zwischen den Ständen heraus, wobei im Tirso-Text der König als oberste Autorität und unangreifbare Instanz – nach Gott – eine wichtige Rolle einnimmt. Alle Gesellschaftsschichten werden dargestellt, "[eine] Klasse nur wird ausgenommen, es ist die, aus der sich Tirsos Publikum rekrutiert, die [...] mittelständische Stadtbevölkerung."[55] Molière hingegen fügt noch einen Stand hinzu, nämlich den des aufstrebenden Bürgertums.

Beide Dramen stellen das skrupellose Verhalten des jungen Adligen an den Pranger, das u. a. durch die Kommentare des Dieners und den moralisch integren Vater bewertet wird.

Die Rolle der Bauern stellt sich unterschiedlich dar. Im Tirso-Stück wird dem Bauer zwar ein großes Ehrbewußtsein zugeschrieben, aber gleichzeitig ist er aufgrund seines Standes nicht in der Lage, sich auch nur ansatzweise effektiv gegen den Adligen zu wehren. In Molières Komödie gibt der Bauer ein differenzierteres Bild ab: auch er ist ein Opfer, - allerdings kein wehrloses – er leistet Widerstand, denn er gibt den Adel der Lächerlichkeit preis und spricht außerdem eine Drohung aus.

---

[51] Molière, S. 49 – 50.
[52] Molière, S. 50.
[53] Molière, S. 58.
[54] Johannes Hösle, *Moliéres Komödie Dom Juan* (Heidelberg: Winter, 1978), S. 54f.
[55] Dieckmann, S. 53.

Auch das Abhängigkeitsverhältnis zwischen Don Juan und seinem Diener wird in beiden Stücken thematisiert. Beide Diener kritisieren ihren Herren, vorzugsweise in dessen Abwesenheit, müssen aber aufgrund ihres Standes und des Dienstverhältnisses gegen ihr Gewissen handeln und weiterhin für Don Juan arbeiten.

Sganarell kommt dabei eine besondere Rolle zu. Seine Figur dient nicht nur der Komik, sondern er steht auch für den "Plebejer, [der] sich am Ende jäh auf sein wirkliches Interesse [besinnt], er macht seinen Klassenstandpunkt geltend, er ruft:» Die ganze Welt ist zufriedengestellt. Ich allein bin der Unglückliche. Mein Lohn, mein Lohn, mein Lohn!«".[56] Sganarell ist genau wie Catalinón der Vertreter des Volkes und der erfolglose Mahner wider die Gottlosigkeit. Er repräsentiert den gesunden Menschenverstand, obwohl er ungebildet ist und ängstlich agiert. Dadurch und mittels seiner komischen Darstellung wird er zum Sympathieträger für das Publikum.

Den Ursprungstext kann man vorrangig als christlich-didaktisches Lehrstück einordnen. "Gleichzeitig bot der Stoff dem Publikum den Reiz, die inkriminierten erotischen Aventüren unter dem Alibi moralischer Erbauung und Warnung zu genießen."[57] Der skrupellose und Gott spottende Frauenverführer wird seiner gerechten Strafe zugeführt, womit der gesellschaftlichen und religiösen Ordnung im damaligen Spanien Genüge getan wird. In der streng hierarchisch gegliederten Gesellschaft durfte es keine Rebellen geben, auch nicht wenn sie von adliger Herkunft waren.

Die Theaterstücke des Siglo de Oro [waren] ideologisch und politisch keineswegs neutral. Neben ihrer [...] Unterhaltungsfunktion erfüllten sie die Aufgabe einer [...] fraglosen Anerkennung und dem Lobpreis von Kirche, Staat und Aristokratie, den drei Säulen des feudalen Gesellschaftssystems im Barock.[58]

Im Vergleich dazu fällt Molières Stück eher in die Kategorie der satirischen Komödie, die "[...] sehr deutlich gesellschaftskritische Momente und zahlreiche revolutionäre Ideen [beinhaltet]."[59] Molières Don Juan stellt sich dank seiner rhetorischen Brillanz und durchweg konsequenten Handlungsweise als charakterlose, aber gleichzeitig faszinierende Figur dar, was bei Tirso nicht der Fall ist: Don Juan besitzt nicht die intellektuellen Stärken der Molièrschen Figur. *Dom Juan ou le Festin de pierre* beschreibt zwar ebenfalls die rigide Klassengesellschaft und das ausgeprägte Standesbewußtsein, aber der eigentliche Schwerpunkt der Kritik liegt auf der heuchlerischen und aufgesetzten Frömmigkeit, die im damaligen Frankreich herrschte und unter der Molière nach Veröffentlichung seines Stückes

---

[56] Dieckmann, S. 163.
[57] Hösle, S. 15.
[58] Neuschäfer (Hrsg.), S. 168.
[59] Lindner, S. 9.

Le Tartuffe zu leiden hatte. Don Juan wurde zwar nicht verboten, mußte sich aber zahlreicher Auflagen unterziehen, z. B. war "am Ende der Handlung [...] das Aushängeschild der moralischen Konklusio anzuheften, dem sich der Autor durch Sganarells dynamisch verflatterndes »Mes gages! Mes gages!« entzogen hatte."[60]

5. Fazit

Beide Dramen machen Aussagen über die damalige Feudalgesellschaft. Don Juan als Vertreter des Adels macht, was seine Eroberungen angeht, vor keiner gesellschaftlichen Schicht Halt und bedient sich zur Befriedigung seiner Wünsche auch seiner priviligierten Stellung als Mitglied des gehobenen Standes. Sowohl die niedrigen Stände als auch die Mitglieder des Adelsstandes lassen sich von ihm täuschen und bleiben als Opfer zurück, teils aufgrund von Leichtgläubigkeit und Naivität, aber auch, weil sie bestrebt sind, ihren eigenen Status durch Don Juan zu erhöhen. Als gesellschaftlicher Außenseiter überschreitet Don Juan festgelegte Normen und soziale Schranken. Deswegen ist die Figur bis heute für Publikum und Künstler interessant geblieben, nicht nur wegen ihrer erotischen, sondern auch wegen ihrer gesellschaftlichen Sprengkraft.

---

[60] Dieckmann, S. 169.

Bibliographie

Primärliteratur:

Molière, Jean-Baptiste, *Don Juan*, Stuttgart: Philipp Reclam jun. 2004.

Molina, Tirso de, *El burlador de Sevilla*, Version im Reader des Seminars, Madrid: Cátedra 1995.

Sekundärliteratur:

Dieckmann, Friedrich, *Die Geschichte Don Giovannis: Werdegang eines erotischen Anarchisten*, Frankfurt a. M.: Insel-Verlag 1991.

Grimm, Jürgen, *Moliére*, 2. Aufl. Stuttgart/Weimar: Metzler 2002.

Hösle, Johannes, *Moliéres Komödie Dom Juan*, Heidelberg: Winter 1978.

Langenscheidts Handwörterbuch Spanisch, Berlin/München: Langenscheidt 1988.

Lindner, Sigrid Anemone, *Der Don-Juan-Stoff in Literatur, Musik und bildender Kunst*, Bochum: Universität, Dissertation 1980.

Müller, Ulrich, *"The Phantom of the Opera."* in: Peter Csobádi (Hrsg.), Salzburger Symposion, *Europäische Mythen der Neuzeit: Faust und Don Juan*, Nr. 18/I, Universität Salzburg 4: Müller-Speiser 1992.

Neuschäfer, Hans-Jörg (Hrsg.), *Spanische Literaturgeschichte*, 3. Aufl. Stuttgart/Weimar: Metzler 2006.

von Stackelberg, Jürgen (Hrsg.), *Das französische Theater. Vom Barock bis zur Gegenwart*. Band I, Düsseldorf: August Bagel 1968.

Internetquellen:

Spiegel Online Wissen: http://wissen.spiegel.de/wissen/resultset.html?suchbegriff=ludwig+xiv (12. Februar 2008).